Inhalt

Gute Ideen brauchen Unterstützer - Führungskräfte sind beim Ideenmanagement besonders gefordert

Kernthesen

Beitrag

Fallbeispiele

Weiterführende Literatur

Impressum

Gute Ideen brauchen Unterstützer - Führungskräfte sind beim Ideenmanagement besonders gefordert

R.Reuter

Kernthesen

- Gute Ideen gibt es viele, doch werden sie nicht immer umgesetzt. Ein betriebliches Ideenmanagement sorgt dafür, in den Unternehmen eine Kultur der stetigen Verbesserung fest zu implementieren.
- Als Hindernisse für ein funktionierendes Vorschlagswesen gelten fehlende Transparenz und bremsende Vorgesetzte.

- Führungskräfte sind daher besonders gefordert, ihre Mitarbeiter zu kreativem Mitdenken zu ermutigen.

Beitrag

Mitarbeiterideen sparen Geld

Das betriebliche Vorschlagswesen - heute als Ideenmanagement bezeichnet - ist bei vielen Unternehmen ein unterschätztes Instrument zur Kostensenkung. Dabei gibt es Beispiele genug, in denen die Ideen der Mitarbeiter dem Unternehmen viel Geld einsparen. So reduzierte die Deutsche Telekom ihre Ausgaben alleine im Jahr 2009 infolge von 5 952 Vorschlägen um 122 Millionen Euro. Siemens konnte seine Ausgaben durch Mitarbeitervorschläge seit 1997 um drei Milliarden Euro optimieren. 300 Millionen Euro wurden als Belohnung an die Ideengeber wieder ausgezahlt. Rund 100 000 Vorschläge finden bei Siemens jedes Jahr den Weg in die praktische Umsetzung - was bei 128 000 Mitarbeitern in Deutschland eine beachtliche Quote bedeutet. Besonders eifrige "Verbesserer" bringen es in ihrem Berufsleben auf bis zu 1 000 Optimierungsvorschläge. (1), (3)

Ungehobene Potenziale

Gleichwohl gilt es als ausgemacht, dass die wahren Potenziale des Ideenmanagements noch nicht gehoben sind. Nach Schätzungen des Deutschen Instituts für Betriebswirtschaft verfügen gerade einmal 5 000 Unternehmen über ein institutionalisiertes Vorschlagswesen. Angesichts von zwei Millionen Unternehmen in Deutschland entspricht dies einem Anteil von nur 0,25 Prozent. Wenig verbreitet ist Ideenmanagement zudem im öffentlichen Dienst und in der Verwaltung. Das Forschungsinstitut geht davon aus, dass in der deutschen Wirtschaft bei einer flächendeckenden Verbreitung des betrieblichen Vorschlagswesens Einsparungen in einer Gesamthöhe von 30 Milliarden Euro möglich wären. Als Vorbild beim Ideenmanagement wird Japan angeführt, wo in den Betrieben eine ausgeprägte Kaizenkultur - das Streben nach kontinuierlicher Verbesserung - fest verankert ist. In Europa kommen auf einen Mitarbeiter jährlich zwei Verbesserungsvorschläge, in Japan sind es 60. Überdies werden in europäischen Betrieben nur 60 Prozent der Ideen in die Praxis umgesetzt, in Japan 90 Prozent. (1), (3)

Feste Vereinbarungen als

Grundlage

Grundlage eines funktionierenden Ideenmanagements sind feste Betriebsvereinbarungen, die das Management mit den Arbeitnehmervertretern aushandelt. Fixiert werden sollte die Höhe der im Fall der Umsetzung gezahlten Prämie, der Weg, den ein Vorschlag im Hause nehmen soll und eine Schlichtungsstelle, die bei Meinungsverschiedenheiten auf den Plan tritt. Berichten aus den Unternehmen zufolge kommt es - wenn auch selten - dazu, dass ein Mitarbeiter seine Idee als nicht genügend gewürdigt empfindet und dann sogar vor Gericht geht. Technisch wird den Mitarbeitern heute öfter angeboten, ihre Vorschläge im Firmen-Intranet wie auf einem Marktplatz zu präsentieren. (3)

Bemessung nach dem "Geschäftswertzuwachs"

Siemens bemisst die zu zahlende Prämie an dem erzielten Geschäftswertzuwachs. Gemeint ist damit die Höhe der Einsparung, die sich durch die Umsetzung des Verbesserungsvorschlags erreichen lässt. Schwierig wird es, wenn ein Nutzen bewertet werden muss, der sich nur schwer messen lässt. So lässt sich die Idee, die Straßen auf dem Firmengelände nach bekannten Personen aus der Unternehmensgeschichte zu benennen, nicht in geldwerte Vorteile umrechnen. Dennoch ist es wichtig, dass kreative Ideen, auch wenn sie kein Geld einbringen, eine Belohnung nach sich ziehen. Siemens hat darum eine Prämien-Obergrenze von 2 000 Euro für solche Vorschläge eingeführt. (3)

Auf die Führungskräfte kommt es an

Nicht alle Vorgesetzten reagieren begeistert, wenn ein Verbesserungsvorschlag auf den Tisch kommt. Immerhin bedeutet die Prüfung der Idee Arbeit, zudem muss die Bereitschaft zur Veränderung bestehen. So kann ein Verbesserungsvorschlag dazu führen, dass eine Jahre lang geübte Praxis auf den Kopf gestellt werden soll - was für das "Gewohnheitstier" Mensch nicht immer eine attraktive Vorstellung ist. Manche Idee wird auch deshalb abgewürgt, weil Vorgesetzte nicht eingestehen wollen, dass der Mitarbeiter mehr weiß als sie selbst. Eine Umfrage hat ergeben, dass ein Drittel der Mitarbeiter die Förderung und Unterstützung ihrer Ideen durch Vorgesetzte bestenfalls als ausreichend, oft jedoch als mangelhaft bewertet. Letztendlich kommt es damit darauf an, wie sehr der Gedanke an die Möglichkeit stetiger Optimierung Bestandteil der Unternehmenskultur ist. Ebenso wichtig ist der im Haus geübte Führungsstil. Mitarbeiter, die nach Gutsherrenart täglich als Befehlsempfänger behandelt werden, haben sich daran gewöhnt, ihre Gedanken zurückzuhalten. Als kreative Ideengeber für weitergehende Veränderungen fallen sie darum aus. (2), (3)

Verbesserungskultur muss verankert sein...

Eine Fehler- und Verbesserungskultur im Unternehmen ist darum Grundvoraussetzung dafür, die Mitarbeiter zum Mitdenken anzuregen. Besteht eine solche Kultur nicht, können Verbesserungsvorschläge auch als Kritik aufgefasst werden. Kollegen, die von der Neuerung betroffen sind, haben dann das Empfinden, dass sie auf die Idee selbst hätten kommen müssen. Leicht vorstellbar sind darum auch die negativen Konsequenzen, die einem kreativen Mitarbeiter drohen können. Sobald seine Vorschläge dazu führen, dass die Kollegen unerwünschte Veränderungen bewältigen müssen, können Mobbing und Ausgrenzung die Folge sein. Auch der Neid spielt eine Rolle, etwa wenn ein Kollege eine Verbesserungsmöglichkeit gemeldet hat, die allgemein bekannt war. (1)

... auch im zeitlichen Ablauf

Zu einer festen Verankerung eines Ideenmanagements gehört es auch, dass die den Vorschlag prüfenden Vorgesetzten hierfür die nötige Zeit haben. Dies ist jedoch nicht der Fall, wenn beispielsweise der Meister eines Betriebs eingereichte Vorschläge neben der Arbeitszeit und am Wochenende prüfen muss. Die Begutachtung, Besprechung und Umsetzung eines Vorschlags sollte im operativen Tagesgeschäft darum fest eingeplant sein. (1)

Fehlende Transparenz hemmt das Mitdenken

Hemmend auf den Ideenfluss wirkt es sich insbesondere aus, wenn die Mitarbeiter über die weitere Bearbeitung ihrer Vorschläge im Unklaren gelassen werden. Im schlechteren Falle ist es für sie nicht nachvollziehbar, nach welchen Kriterien Vorschläge begutachtet werden, wie lange die gesamte Bearbeitung dauern wird und wie die Höhe einer möglichen Prämie festgelegt wurde. Dem beugt ein institutionalisiertes Ideenmanagement vor, bei dem der Mitarbeiter abschätzen kann, wie es mit seiner Idee weitergeht. Nicht zuletzt ist es dann eine

Frage der Kommunikation, die dem Vorschlagenden die Sicherheit gibt, dass seine Idee nicht irgendwo in einem Papierstapel verstaubt. (1)

Trends

Ideenmanagement im öffentlichen Dienst

Auch im öffentlichen Dienst haben gute Ideen heute mehr Chancen auf Umsetzung als in früheren Jahren. Ein Beispiel dafür liefern die Stadtwerke Rüsselsheim: Dort hat der Nutzkraftfahrzeugmechaniker Günter Goldammer eine spezielle Halterung für Gasflaschen von Bussen gebaut. Dank dieser Vorrichtung können mehrere Flaschen gleichzeitig vom TÜV überprüft werden. Um die Berstsicherheit zu testen, musste bisher jede Flasche einzeln an einem Kran aufgehängt werden. Goldammer entwickelte ein Gerüst, mit dem nun vier Flaschen gleichzeitig nebeneinander aufgestellt werden können. (6)

Sonderurlaub für Kreative

In Baden-Württemberg hat sich die

Landtagsabgeordnete Katrin Schütz bereits 2008 die Frage gestellt, wie es in der öffentlichen Verwaltung um das betriebliche Vorschlagswesen bestellt ist. Seitdem werden auch durch den Innenminister des Landes gute Ideen gezielt gefördert, was dazu führte, dass 2008 485, ein Jahr darauf bereits 547 Verbesserungsvorschläge eingereicht wurden. Positiv wirkt sich dabei die Einrichtung eines Ausschusses zur Begutachtung der Vorschläge aus. Prämiert werden die Ideen unter anderem mit bezahltem Sonderurlaub. (7)

Fallbeispiele

Einsparung in Millionenhöhe

Drei Mitarbeiter des europäischen Luft- und Raumfahrtkonzerns EADS haben dem Unternehmen eine Einsparung in Millionenhöhe verschafft. Alexander Mäußl, Norbert Beschler und Peter Ostermeir setzten sich mit der Idee durch, teure Täuschgranaten durch Dummies zu ersetzen. Die drei Tüftler wurden reichlich belohnt. Die Prämien fielen so hoch aus, dass einer der drei den größten Teil seines Immobilienkredits abbezahlen konnte. (3)

Auszeichnung für Gea

Der Maschinenhersteller GEA Group ist als Branchensieger für sein Ideenmanagement ausgezeichnet worden. Auch im Vergleich mit anderen Branchen schnitt Gea sehr gut ab: In der Kategorie "Bestes Ideenmanagement" rangierte das Unternehmen auf Rang 3 hinter der Deutschen Post DHL und Siemens. Gea hat sein Vorschlagswesen erst vor wenigen Jahren institutionalisiert. (4)

Ideenmanagement in einer Hand

Einen eigenen Ideenmanager leistet sich der Maschinenbauer Trumpf. Christian Koerber sorgt dafür, dass keine Idee unentdeckt in den Köpfen schlummert. Er leitet den Bereich New Business Development, in dem die Fäden für den gesamten Innovationsprozess des Maschinenbauunternehmens zusammenlaufen. Ideenmanagement gehört bei Trumpf zum Arbeitsalltag dazu: "Wir erwarten von jedem Mitarbeiter, sich mit neuen Ideen einzubringen", so Koerber. (5)

Weiterführende Literatur

(1) Ansätze zur Verbesserung des Betrieblichen Vorschlagwesens
aus Zeitschrift für wirtschaftlichen Fabrikbetrieb, Heft 11/2010, S. 1006-1010

(2) Ideenmanagement Wenn der Chef zum Bremsklotz wird
aus www.maschinenmarkt.de vom 03.11.2010

(3) Land der Dichter und Düsentriebs
aus Welt am Sonntag, 23.01.2011, Nr. 4, S. 36

(4) GEA Group hat bestes Ideenmanagement der Branche
aus chemie.de News

(5) Ideen gestalten statt verwalten
aus VDI NR. 10 VOM 11.03.2011 SEITE 17

(6) Der Daniel Düsentrieb der Stadtwerke
aus Darmstädter Echo, 24.11.2010

(7) Für eine gute Idee gibt es drei Tage dienstfrei
aus Stuttgarter Zeitung, 19.08.2010, S. 5

Impressum

Gute Ideen brauchen Unterstützer - Führungskräfte sind beim Ideenmanagement besonders gefordert

Bibliografische Information der deutschen Nationalbibliothek

Die Deutsche Nationalbibliothek verzeichnet diese Publikation in der deutschen Nationalbibliografie; detaillierte bibliografische Daten sind im Internet über http://dnb.d-nb.de abrufbar.

ISBN: 978-3-7379-0244-1

© 2015 GBI-Genios Deutsche Wirtschaftsdatenbank GmbH, Freischützstraße 96, 81927 München, www.genios.de

Alle Rechte vorbehalten. Dieses Werk ist einschließlich aller seiner Teile – z.B. Texte, Tabellen und Grafiken - urheberrechtlich geschützt. Jede Verwertung außerhalb der Grenzen des Urheberrechtsgesetzes bedarf der vorherigen Zustimmung des Verlags. Dies gilt insbesondere auch für auszugsweise Nachdrucke, fotomechanische Vervielfältigungen (Fotokopie/Mikroskopie), Übersetzungen, Auswertungen durch Datenbanken oder ähnliche Einrichtungen und die Einspeicherung und Verarbeitung in elektronischen Systemen.